AF259777

LES
ANTÉCÉDENTS HISTORIQUES

DU

CONGRÈS

PAR

ALPH. FEILLET

(Extrait de la Revue Nationale)

PARIS

LIBRAIRIE ACADÉMIQUE

DIDIER ET Cᵉ, LIBRAIRES-ÉDITEURS

35, QUAI DES AUGUSTINS,

1864

LES

ANTÉCÉDENTS HISTORIQUES

DU CONGRÈS

L'idée d'un congrès européen destiné à prévenir les guerres et à maintenir la paix entre les nations civilisées est beaucoup moins nouvelle qu'on ne le croit généralement. Les partisans de cette idée, ceux qui la croient praticable pourraient dans quelques mois, s'ils le voulaient, célébrer le quatrième anniversaire séculaire, le quatrième grand jubilé de son apparition dans le monde. Outre une antiquité de quatre siècles, il s'y rattache cette circonstance curieuse, qu'elle a presque toujours été suscitée par des Français; elle est marquée au coin de la France comme les croisades, la révolution, le percement de l'isthme de Suez. Enfin, c'est d'ordinaire à propos de l'organisation de la Pologne, de l'Italie, de la Hongrie, de tous les petits peuples auxquels la France a prêté si souvent son appui, et qui l'ont souvent aidée contre les coalitions, que cette idée a pris naissance dans la tête des philosophes, des publicistes, des hommes d'État.

Un projet de cette nature ne pouvait naître au moyen âge, dans une société de peuples et de princes divisée à l'infini, isolée par des barrières et des préjugés insurmontables. L'Église seule, qui avait tenté d'établir la *Paix de Dieu* et la *Trêve de Dieu*, eût pu le concevoir et en essayer l'exécution. Elle ne le fit pas, car on ne peut appeler paix cette espèce de trêve mal observée qu'elle proposait aux princes à l'époque des croisades. La première pensée réelle des congrès de la paix est due à George Podiébrad, roi de Hongrie; or son conseiller était Antoine de Marini, légiste français, et ce fut à Louis XI qu'il s'adressa pour la réaliser. La révélation récente de cet épisode curieux appartient à l'historien bohême Palacky, et M. Saint-René Taillandier l'a fait connaître au public français.

1864

En 1464, il y a quatre siècles, Podiébrad, en lutte avec l'empereur Frédéric III et avec le pape Pie II, « résolut d'émanciper les
peuples et les rois par l'organisation d'une nouvelle Europe. » Il
voulait établir une vaste ligue d'États dont l'indépendance n'aurait
plus rien à redouter de l'empereur et du pape, ces deux pouvoirs qui,
se croyant encore en plein moyen âge, entendent rester les deux tu-
teurs du monde chrétien. S'il réussit, ce sera toute une révolution,
la société moderne atteindra presque en naissant le but que lui marque
la Providence, c'est-à-dire le bonheur de tous, la civilisation générale.

Trop faible par lui-même, George Podiébrad chercha à qui confier
l'exécution de ce *grand dessein*, de ce *grand projet*, comme on l'a
appelé plus tard, et s'adressa au roi de France. Cette pensée lui fut
sans doute inspirée par son conseiller Antoine de Marini, né à Gre-
noble, dans l'apanage du Dauphin (depuis Louis XI), et qui avait
d'abord été attaché à ce prince. Marini était un grand légiste et un
habile politique. Continuateur du premier économiste connu, le
Français Nicolas Oresme [1], il était un promoteur d'idées sur les finances, sur le crédit, sur l'étalon des monnaies, sur le développement
du commerce, sur les rapports de l'Église et de l'État.

Podiébrad le choisit pour son ambassadeur avec le comte Albert
Kostka de Postupic, envoyé seulement *pour la montre,* si nous pou-
vons nous servir de cette expression. Ils partirent de Prague le 16 mai
1464, et rencontrèrent Louis XI à Amiens ; admis à une audience,
le comte Kostka, au nom du roi de Bohême, « supplia le roi de
France, à titre de roi très-chrétien et au nom de son dévouement à
l'intérêt général, de convoquer, au jour et au lieu par lui fixés, un
parlement de rois et de princes pour qu'ils y vinssent en personne ou
qu'ils s'y fissent représenter. L'auguste assemblée travaillerait à la
gloire de Dieu, au bien de l'Église universelle et à l'indépendance
des États. » L'orateur développa ce thème dans un discours plein de
belles pensées, de paroles heureuses, qui dura une heure. Antoine
de Marini confirma la harangue de son collègue par un tableau des
pays qu'il venait de parcourir. Il parla « des sympathies des Polo-
nais, des Hongrois, des Bohémiens et des Vénitiens pour la France ; »
il conclut à « la nécessité d'un parlement de rois pour mettre fin à

---

1. M. Wolowski a ressuscité cette grande figure dans un mémoire lu en
séance générale de l'Institut, et prépare la publication des œuvres d'Oresme.

une théocratie plus turbulente que forte, et pour sauver la dignité de l'Église en même temps que la liberté des peuples. » Le roi avait écouté ces deux orateurs avec la plus grande attention; il répondit que l'affaire était de grande conséquence et méritait réflexion; il leur donna rendez-vous dans Abbeville, où il irait bientôt les trouver.

A Abbeville, les ambassadeurs bohémiens eurent plus d'une conférence avec les conseillers de Louis (le chancelier de Morvilliers, l'évêque La Balue et le patriarche de Jérusalem); mais ils ne tardèrent pas à voir leurs illusions s'évanouir. Louis se montra plus favorable à l'idée de Podiébrad que ses ministres, qui « jetèrent les hauts cris quand les ambassadeurs parlèrent d'annihiler le pouvoir politique du pape; » il fit alliance avec la Bohême, honora Albert Kostka du titre de *Conseiller du roi de France*, et dit aux évêques : « Que cela vous fasse plaisir ou non, je veux être l'ami du roi de Bohême. »

Ainsi avorta, dès le début des temps modernes, cette première tentative. Le rôle de la France y est assez marqué pour qu'on puisse le compter à son *avoir*.

Selon M. Palacky, cette idée n'était pas trop chimérique, même pour cette époque si éloignée, au moment où l'on sortait à peine des assemblées générales de l'Église, des grands conciles de Bâle et de Constance, au moment où Pie II convoquait l'assemblée de Mantoue pour armer l'Europe contre les Turcs, donnait rendez-vous au duc de Bourgogne et aux princes chrétiens à Ancône; enfin, avant qu'on vît disparaître dans l'oubli ces délibérations solennelles, conformes à l'esprit et aux nécessités du temps, et qui allaient devenir impossibles au milieu des déchirements de la période suivante.

Ajoutons que l'Europe avait encore sous les yeux une organisation à peu près semblable à celle que désirait le roi bohémien dans la constitution de la ligue Hanséatique. C'était, il est vrai, un intérêt purement commercial qui avait su tenir réunies durant plusieurs siècles cent grandes villes appartenant à des peuples différents et qui avait rapproché tous ces députés convoqués en assemblées générales pour décider des intérêts collectifs de la paix, de la guerre, des alliances, etc. Telle avait été la force de la Hanse, que par ses *excommunications majeures ou mineures*, selon l'importance de la faute, elle punissait celle des cités unies qui avait contrevenu aux règlements; elle savait même au besoin venger contre les plus puissants le tort fait à un de ses membres [1]. Pourquoi n'aurait-on pas pu établir, au nom du droit public, ce qu'on avait si bien organisé en vue de bénéfices commerciaux? Mais quand les hommes ont-ils ressenti autant d'ardeur pour le règne de l'équité que pour leurs intérêts ou leurs passions?

Louis XI moins que tout autre était propre à faire réussir un pareil plan : il eût fallu un Aristide, l'homme d'État à qui les Grecs remettaient le droit de fixer les contributions des alliés pour la défense commune contre les Perses, celui qui faisait repousser par les Athéniens un projet *utile*, mais *injuste;* il eût fallu le saint roi, arbitre entre Henri III et ses barons, entre le pape et Frédéric II, un Louis IX animé des idées modernes. Pour persuader tous les peuples, une longue habitude de la justice, le respect inviolable de sa parole étaient les qualités indispensables dans le promoteur de cette difficile entreprise, souverain ou peuple. Mais un Louis XI, qu'on pourrait croire élevé suivant la morale du *Prince* de Machiavel, quelle confiance fonder sur lui? Ses révoltes avant d'arriver au trône, le crime qui l'y avait fait monter avant l'heure, sa dissimulation érigée en principe, tout son passé se dressait contre lui. Qui, à l'intérieur comme à l'extérieur, eût osé se fier à sa parole, n'eût pas craint des piéges, des arrière-pensées?

Cette première idée d'un conseil amphictyonique de l'Europe fut même abandonnée à tel point, qu'on l'avait complétement ignorée jusqu'au jour où l'historien bohême la retrouva dans de vieux manuscrits. Les successeurs de Louis XI coururent les grandes aventures, se jetèrent dans les longues guerres d'Italie, puis dans les guerres de religion. Après un siècle et demi de luttes et de déchirements, il appartenait à un roi longtemps guerrier, qui se fit le roi des laboureurs, qui les releva de leur ruine, permit à tout gentilhomme ou paysan de « demeurer en sûreté publique, sous son figuier, cultivant sa terre, » de comprendre, lorsque tous soupiraient après la réalisation de l'idylle champêtre de *l'Astrée*, que « le souverain bien, c'est la paix. » La paix, c'est là ce qu'on a nommé le *grand projet*, le *grand dessein* de Henri IV ; MM. Poirson, Mercier-Lacombe, et surtout M. Henri Martin, l'ont parfaitement démontré, sans toutefois décider à qui il faut en rapporter l'honneur, au

---

1. M. Wolowski. Rapport à l'Académie des Sciences morales et politiques sur la ligue Hanséatique.

roi ou au ministre [1]. Sur toute la diplomatie de ce règne plane une grande et glorieuse idée, la fondation de l'équilibre européen par une sorte d'association fraternelle des nationalités indépendantes. Ce prince, après avoir tant combattu ce rêve insatiable d'agrandissements qui semblait vouloir aller jusqu'à la monarchie universelle, conçu et poursuivi par Charles-Quint et Philippe II, devait songer, comme moyen de défense pour l'avenir, à organiser une force contraire, une sorte de république chrétienne, fondée en politique sur la libre confédération des nations indépendantes, quelle que fût la forme de leur gouvernement, et reposant en religion sur la tolérance mutuelle du catholicisme et des deux grandes sectes de la réforme. Il y avait dans ce projet un profond sentiment du rôle de la France et de l'espèce de suprématie morale à laquelle la Providence semble l'avoir destinée. M. Sainte-Beuve l'a bien jugé dans ces mots : « Henri IV a plus que le bon sens qui plante des jalons sur la route, il a l'éclair et l'illumination, le rayon qui semble venir d'en haut. »

Ces plans qu'un historien, M. Bazin, traitait assez récemment de chimères « nées certainement au château de Sully pendant la retraite de l'ancien ministre; au Louvre, à l'Arsenal, on avait bien autre chose à faire qu'à bâtir des utopies, » Sully les a donnés avec un détail minutieux, — il parle même de relations commencées avec Élisabeth d'Angleterre, — mais ils sont trop connus pour nous arrêter longtemps. Disons avec M. Henri Martin que ce projet mérite un intérêt sérieux, quand même il serait hypothétique comme le veulent ceux qui remarquent que Henri IV, dans sa vaste correspondance [2], n'en a jamais écrit un mot. « Si ce n'est qu'un désir, né de la conversation du roi et de son ministre, on aime encore à savoir où allait la pensée de ces deux grands hommes quand elle se donnait libre carrière loin des entraves du présent, et lorsque, presque égaux à Dieu, ils créaient par la pensée un monde meilleur. »

Certaines circonstances prennent un intérêt particulier par suite d'événements analogues auxquels nous avons assisté, et permettent de répéter avec M. Duruy : « Ce qu'il y a de plus dans le présent,

1. M. Poirson, t. II, p. 874 et suiv.; Mercier, p. 390 et suiv.; M. Henri Martin, t. X, p. 490 et suiv. Voir aussi M. Sainte-Beuve, *Causeries du Lundi*; *Henri IV considéré comme écrivain*, par M. Eug. Yung, t. XIII, et Sully, *Économies royales*, passim.

2. *Documents inédits de l'histoire de France* recueillis par M. Berger de Xivrey, 7 vol. in-4.

c'est toujours le passé. » Voici comment s'exprime M. Mercier-Lacombe : « Henri IV veut faire la part à la France, faire recounaître son droit ou établir sa sécurité, reprendre des territoires injustement ravis, et couvrir ses frontières; et ces conquêtes, ce sera, le plus possible, par des voies pacifiques qu'il se les ménagera; car la guerre n'est pour lui que la pire des extrémités, « *sa dernière ancre* ; » les négociations doivent tenir la première place : il donne une de ses filles au prince de Piémont, érige pour le duc de Savoie le royaume de Lombardie, mais réclame en échange la Savoie et le comté de Nice. »'— Il y aurait un travail curieux à faire au sujet de la Pologne, de l'Italie, de la Hongrie, etc.; on montrerait combien de fois ces importantes questions reviennent dans notre histoire avec Louis XI, François Ier, Henri II, Henri IV, Richelieu, Mazarin (voir *Fouquet* de M. Chéruel), Colbert pour la Pologne; avec Louis XIV et Tékély en Hongrie; avec Louvois pour l'Italie (voir le 3e volume de M. Rousset récemment paru), plus tard avec d'Argenson, Louis XV, Leczinski, etc.

Richelieu et Mazarin poursuivent l'exécution d'une partie seulement du projet de Henri, l'abaissement de la maison d'Autriche, dont Leibniz a dit : « La politique de la maison de Hapsbourg est une conspiration perpétuelle contre les droits et les libertés des peuples. » La paix de Westphalie, qui couronne cette politique, aurait pu être un premier pas dans la voie de cette paix universelle; elle établit l'équilibre européen, l'introduisit dans le droit des gens; il fut admis qu'un pays ne pourrait jamais aller jusqu'à absorber tous les autres; une coalition des puissances menacées était l'arme redoutable laissée à la faiblesse des petits États. La France, qui avait fait triompher ce principe contre l'Autriche, le vit s'élever contre elle-même lorsque, loin de songer à la république chrétienne, Louis XIV reprit le rêve des agrandissements illimités, le rêve de Charles-Quint. Les guerres, la décadence et la ruine de la France recommencèrent, au lieu de l'ère de paix, de prospérité, de grandeur que le Béarnais avait fait entrevoir et espérer. Les rois abandonnent pour deux siècles et laissent s'éteindre le flambeau qui doit éclairer la marche des générations vers la terre promise; mais les philosophes, les publicistes, les historiens, les hommes de la pensée sont là pour le relever et le rallumer; presque toujours, rois ou écrivains, ce sont des François qui le portent d'une main haute. Il semble que nous cherchions toujours à rassurer l'Europe; serait-ce, comme disait M. Saint-

Marc Girardin, que nous comprenons « que l'Europe ne cessera de craindre en nous des conquérants que le jour où elle sera convaincue de notre désintéressement. »

Leibniz, le premier, essaya d'arrêter Louis sur cette pente fatale, de combattre cette passion funeste de conquêtes qui devait lui laisser tant de remords à sa dernière heure ; en 1672, au moment où le roi de France allait entreprendre la guerre de Hollande, guerre qui ouvrait la porte à tant d'autres plus terribles, le philosophe allemand, dont le génie avait tant d'affinités vers la France, essaya de détourner de l'Europe cette fureur impie et de diriger sa jeune ardeur vers l'Orient, en Égypte, par une entreprise qui nous aurait valu la domination de la Méditerranée, le commerce des Indes et du Levant, l'admiration et la reconnaissance de la chrétienté [1]. Ce plan grandiose ne fut pas compris. L'orgueil monarchique entraîna Louis contre ces bourgeois républicains, et la paix fut éloignée pour un demi-siècle. Ce fut après cette longue lutte où avaient succombé deux générations, à la fin de ce règne, que la vue de la France haletante, épuisée par ses succès comme par ses revers, fit naître dans l'esprit de l'abbé de Saint-Pierre le *Projet de la paix perpétuelle* qui parut en 1713 ; le publiciste, accompagnant le cardinal de Polignac, avait assisté aux préliminaires du traité d'Utrecht, et avait vu les difficultés suscitées contre nous ; il renoua ainsi, en présence même de Louis XIV, la tradition de la paix européenne perpétuelle au nom populaire de Henri IV. Son livre, que Voltaire a résumé dans cette sentence frappée à son coin et d'un vigoureux relief : « Toute guerre européenne est une guerre civile [2], » plus heureux que celui de « la chimérique Salente, » ne fit tomber aucune disgrâce sur l'auteur ; il conspirait en quelque sorte avec Louis XIV, s'abaissant à demander lui-même à des ennemis implacables, — parce qu'ils avaient eu peur et avaient

---

1. Cet article était composé lorsqu'a paru dans le *Journal des Débats* (5 janvier) un intéressant article de M. Saint-Marc Girardin à propos de ce projet de Leibnitz, qui nous sera désormais complétement connu par la publication que vient d'en faire M. Foucher de Careil (T. V des *Œuvres complétes de Leibnitz*). Voir les deux écrits : *Securitas publica* et *Consilium ægyptiacum*. Jusqu'à présent on ne le connaissait que par les fragments de Guhrauer, 1839, la lettre publiée en 1840 par M. de Hoffmanns, et par un excellent article de M. Vallet de Viriville d'après ces fragments, *Revue indépendante*, 1er mars 1842.

2. On attribue généralement, mais à tort, cette pensée au captif de Sainte-Hélène.

été humiliés, — une paix qui ne s'appelle plus Nimègue, mais *Utrecht* et *Rastadt*, paix que pouvaient arracher seulement une victoire miraculeuse et un noble et redoutable désespoir.

Exclu de l'Académie française pour un autre ouvrage : *Discours sur la pluralité des Conseils*, dirigé contre le despotisme et le gouvernement personnel d'un seul homme, l'abbé de Saint-Pierre alla répandre ses idées dans la *société de l'Entresol*; là, cet homme « de grands projets et de petites vues, » cet écrivain « moitié philosophe, moitié fou, » comme on disait de lui au dix-huitième siècle, mieux écouté et plus apprécié, put jeter en bonne terre quelques-unes de ses idées et compta au moins un disciple, le marquis d'Argenson, qui le cite presque à chaque page de ses *Pensées sur la réformation d'un État*[1]. Si, moins cosmopolite que son maître, le ministre de Louis XV, qui joint cependant, comme il le dit, « souvent le vraisemblable pêle-mêle avec le visionnaire[2], » ne va pas jusqu'à un projet de *congrès* ou *de paix perpétuelle*, il cherche à arranger des « plans pour l'émancipation de l'Italie par la Sardaigne, à l'encontre de l'Autriche, » et à la fin de son organisation il s'écrie : « Cet équilibre une fois assuré en Italie, quel avantage pour la paix perpétuelle! » Aujourd'hui que tant de réformes, de projets réputés autrefois dangereux ou impossibles, fonctionnent régulièrement, « le rêveur homme de bien, » l'abbé de Saint-Pierre, a repris plus de faveur, et des écrivains habiles, M. Éd. Goumy et un économiste de talent, M. de Molinari[3], lui ont rendu plus de justice; on peut donc, sans craindre d'introduire un fou, placer le généreux, mais bizarre publiciste du dix-huitième

---

1. Ms. du Louvre, 2 vol. in-4, et Introduction de l'édition Rathery.

2. Nous ferons remarquer cette expression de *vision*, de *visionnaire*, qui revient sans cesse sous la plume de tous ceux qui, pendant l'ancien régime, s'occupent de plans d'amélioration. Est-ce un passe-port qui doit assurer l'impunité à leurs censures? est-ce peur d'une sorte de ridicule, crainte de « passer pour un homme singulier dans le bien, » comme dit d'Argenson? Quoi qu'il en soit, nous l'avons rencontrée chez Sully, dans une organisation de cadastre proposée par Fabert à Mazarin (Ms. Archiv. impér.); ici, chez d'Argenson; chez le marquis de Mirabeau, les *Rêves d'un goutteux*; on la retrouverait aussi, nous n'en doutons pas, dans Vauban, Boisguillebert, etc.

3. M. de Molinari, dans son livre *L'Abbé de Saint-Pierre, sa vie et ses œuvres* (Guillaumin, 1 vol. in-12), s'occupe principalement de cette question de la paix perpétuelle. On trouve le texte même des projets de Henri IV, de l'abbé de Saint-Pierre, etc., dans cet excellent travail, qui, bien qu'incomplet, a beaucoup facilité nos recherches.

siècle dans la tradition française du congrès européen. Après sa mort, Jean-Jacques Rousseau publia quelques extraits de ce *projet de paix*, un peu défigurés par lui; mais s'en tint bien vite là, « ne voulant pas, dit-il, m'exposer, en répétant les censures de l'abbé de Saint-Pierre, à me faire demander de quoi je me mêlais [1]. »

Le ministre Necker, quoique de l'école de Rousseau, dans son livre *De l'administration des finances en France* (1784), se montre favorable à l'idée de l'abbé de Saint-Pierre. Le tableau des maux que produit la guerre, même la plus heureuse, et des avantages qu'elle enlève aux vainqueurs, est des plus concluants en faveur de la paix; le publiciste émeut aussi fortement par le contraste des dernières heures du roi conquérant et du roi pacifique, uniquement occupé des intérêts de son peuple et de l'humanité. A peu près à la même époque, le philosophe qui fut le chef de l'école *utilitaire*, celui qui inspirait à madame de Staël, à Talleyrand, à Napoléon une si vive admiration, Jérémie Bentham, dans des manuscrits datés de 1786 à 1789, et qui ont été publiés par ses exécuteurs testamentaires avec l'*Essai sur le droit international*, Bentham faisait aussi son *Plan de paix perpétuelle*, qui se rapproche beaucoup de celui de l'abbé de Saint-Pierre. Il demande une grande réduction des forces militaires, l'émancipation des colonies et « une diète générale de tous les peuples. » Les événements allaient renvoyer dans la région des rêves toutes ces pensées pacifiques; l'Europe, pendant que les publicistes parlaient de paix, marchait à une conflagration générale et à une guerre de vingt-cinq ans. La république française, en lutte avec toutes les monarchies, ne pouvait songer à la paix qu'après l'avoir imposée par des victoires; mais l'idée de paix n'est plus abandonnée. Elle se réfugie chez un philosophe spéculatif qui vivait replié sur lui-même, et dont la promenade méditative ne fut jamais troublée que par un seul événement, le *grand événement*, la Révolution. En 1795, Kant publie un *Essai philosophique sur la paix perpétuelle*, et l'attend bien plus de la force des choses, des besoins des peuples, que de l'influence de la raison, dont il pouvait certes bien douter en voyant l'acharnement des hommes les uns contre les autres et les pertes immenses en êtres humains et en capital auxquelles ils se condamnaient par ces trente années de guerre [2], et en

----

1. *Conf.*, liv. IX. — La conclusion du travail de Rousseau seule mérite quelque attention.

2. Voir, pour ces évaluations dont on a peu l'idée, Francis d'Yvernoi : -

lisant l'audacieuse apologie de l'auteur des *Soirées de Saint-Péters-bourg*, qui regarde la guerre comme un « fait divin, » théorie que M. de Portalis à fortement réfutée en 1856 dans un remarquable Mémoire lu à l'Académie des Siences morales.

Au commencement de l'Empire, mais avant que l'Empereur fut irrévocablement engagé dans ce système de guerre à outrance qui devait à la fin conduire les ennemis dans Paris, après la merveilleuse et immortelle campagne que termina la capitulation d'Ulm (sept. 1805), Talleyrand, ministre des affaires étrangères, qui s'était rapproché des camps « afin que l'homme de la paix fût toujours près de l'homme de la victoire, » adressa à Napoléon un plan de traité avec l'Autriche, plan qui entraînait un vaste remaniement de l'Europe. Bien que ce projet n'eût eu aucune suite, il mérite de fixer l'attention de l'histoire. M. Mignet l'a trouvé entièrement écrit de la main du trop fameux diplomate dans les archives du ministère des affaires étrangères, et l'a fait connaître pour la première fois dans son éloge historique du prince de Talleyrand [1]. Le ministre de Napoléon ne reconnait en Europe que quatre grandes puissances : la France, l'Autriche, l'Angleterre, la Russie; la Prusse n'ayant été placée un instant sur la même ligne que par le génie de Frédéric II. La France est la « *seule puissance parfaite*, » réunissant dans une juste proportion les deux éléments de grandeur inégalement répartis entre les autres, les richesses et les hommes; l'Autriche et la Russie étaient alors les ennemies naturelles de la France, et la Russie, son ennemie indirecte par la sollicitation des deux autres et par ses projets sur l'empire ottoman; l'Autriche tant qu'elle ne serait pas en rivalité avec la Russie, et la Russie, tant qu'elle resterait en contact avec la Porte, seraient facilement unies par l'Angleterre dans une alliance commune; du maintien d'un tel système de rapports entre les grands États de l'Europe naissaient des causes permanentes de guerre; les paix n'étaient que des trèves, et l'effusion du sang humain ne serait jamais que suspendue.

Pour détruire une telle situation, voici ce qu'il proposait : éloigner l'Autriche de l'Italie en lui ôtant la Vénétie, de la Suisse, en lui

Tableau des pertes que les guerres ont causées au peuple français; — J.-B. Say, liv. II, ch. XI, et plus récemment M. P. Larroque, dans un ouvrage couronné par le Congrès de la Paix.

1. *Portraits et notices historiques*, 3 vol. in-8. Didier. 2e édit., p. 198 et suiv.; t. I.

ôtant le Tyrol, de l'Allemagne méridionale, en lui enlevant ses possessions de Souabe. Par là, cet empire cessant d'être en contact avec les États fondés ou protégés par la France, ne resterait plus en hostilité naturelle avec elle. Pour surcroît de précautions, la Vénétie ne devait pas être incorporée au royaume d'Italie ; mais être interposée comme État républicain et indépendant entre ce royaume et l'Autriche. Comme compensation de ses pertes, on donnerait à la monarchie autrichienne le grand fleuve autrichien, le Danube, la Bessarabie et la partie la plus septentrionale de la Bulgarie.

Par là, disait-il en concluant, les Allemands seraient pour toujours exclus de l'Italie, et les guerres, que leurs prétentions sur ce beau pays avaient entretenues, se trouveraient à jamais éteintes ; l'Autriche possédant tout le cours du Danube et une partie des côtes de la mer Noire, serait voisine de la Russie, et dès lors sa rivale, serait éloignée de la France, et dès lors de son alliée ; l'empire ottoman achèterait, par le sacrifice utile de provinces que les Russes avaient déjà envahies, sa sûreté et un long avenir ; l'Angleterre ne trouverait plus d'alliés sur le continent, les Russes porteraient leurs efforts vers le midi de l'Asie, et le cours des événement les mettrait en présence des Anglais.

Après la victoire d'Austerlitz, Talleyrand renouvela ses instances, regardant son projet plus que jamais comme le meilleur et le plus salutaire. « Vos victoires, disait-il en terminant, rendent facile un arrangement qui, j'en ai la conviction, assurerait la paix du continent pour plus d'un siècle. »

Ce plan, exécutable à une époque où rien n'était impossible à l'Empereur, aurait sans doute préparé un autre avenir à l'Europe ; mais Napoléon n'en suivit qu'une partie au traité de Presbourg ; il abattit l'Autriche sans la dompter et ne sut pas la gagner par de sages concessions ; et peu à peu la France se trouva isolée pendant que l'Europe se réunissait contre elle. Alors par une inévitable réaction des choses humaines, la « Victoire, que nous avions fatiguée à nous suivre, » nous abandonnait enfin, et de terribles représailles venaient nous faire sentir les angoisses de la défaite. Réunis à Vienne, les souverains, dans un « concert européen, » nous imposent une paix dont ils veulent se faire les gardiens ; mais pendant qu'ils ne songent qu'à exploiter leur succès, un philosophe et un historien français, comprenant qu'on ne peut fonder quelque chose de stable que sur le droit et l'équité, leur présentaient la véritable paix. Ce philosophe alors inconnu, qu'on a encensé et outragé sans mesure, était Henri de Saint-Simon. Le grand historien qui fut son disciple signait Augustin Thierry, « fils adoptif de Saint-Simon. » Cette brochure de 112 pages où, nous le croyons, l'élève eut plus de part que son maître, était intitulée : *De la réorganisation de la société européenne ou de la nécessité et des moyens de rassembler les peuples de l'Europe en un seul corps politique, en conservant à chacun sa nationalité*[1]. On y conseillait aux peuples d'imiter l'exemple de l'Angleterre et d'adopter le régime parlementaire (ce qui est aujourd'hui plus ou moins réalisé dans la plus grande partie de l'Europe civilisée), enfin de constituer un *parlement européen*, pour traiter et pour décider les affaires générales, sorte de conseil amphictyonique, de congrès permanent. Le *Censeur européen* de Comte et Dunoyer soutint aussi la même thèse, *paix et liberté*, sous la Restauration ; on y retrouve encore les noms de Saint-Simon et d'Augustin Thierry, ainsi que celui du célèbre pamphlétaire Paul-Louis Courier.

A ce moment où la paix est dans toutes les bouches, l'esprit pratique des Américains organise des *sociétés des amis de la paix* (1814-1815). C'étaient là enfin les « missionnaires » que le cardinal de Fleury demandait en riant à l'abbé de Saint-Pierre « pour toucher le cœur des princes et leur persuader d'entrer dans ses vues. » Quant à la paix que la *Sainte-Alliance* organisait en se constituant en une confédération d'États ayant pour but de prévenir le retour de la guerre, personne ne s'y trompa. C'était en réalité une sorte de gendarmerie et de police européenne dirigée contre notre pays ; aussi ne fut-ce que le jour du départ des alliés, le jour où le territoire fut libre de la présence des ennemis qu'on crut à la paix, et que le poëte national Béranger la chanta dans une ode véritable :

> J'ai vu la Paix descendre sur la terre.

avec ce refrain :

> Peuples, formez une sainte-alliance
> Et donnez-vous la main ![2]

C'était à Liancourt que ce chant résonnait, chez un grand seigneur,

1. On y trouve à chaque page des appréciations de l'historien du *Tiers-État*, son amour bien connu pour les communes, etc.
2. Voir aussi les *Quatre âges historiques* du même poëte.

homme de bien et vrai Français, qui donnait une fête pour la délivrance de la patrie (octobre 1818), M. de la Rochefoucauld. Trois ans après (1821), on établissait à Paris une *Société de la morale chrétienne* pour propager ces doctrines, à l'instar des sociétés qui s'étaient formées à New-York, dans l'Ohio, le Massachusetts, et à Londres, sous le nom de « Société pour l'établissement de la paix permanente et universelle; » exemple imité par Genève en 1830.

Ce ne fut que treize ans plus tard que ces *sociétés des Amis de la Paix* dans les deux mondes résolurent de tenir de grandes et générales assises pour donner un utile retentissement et une impulsion plus vigoureuse à leur œuvre bienfaisante. La première réunion eut lieu à Londres sous la présidence de M. Charles Hindley, et la société française y fut dignement représentée par son président, M. de la Rochefoucauld-Liancourt. On y adopta une résolution qui était une première mise en demeure de l'opinion publique aux souverains et aux gouvernements civilisés : on leur demandait d'introduire dans leurs traités de paix ou d'alliance une clause par laquelle ils s'engageaient, en cas de dissentiment, à accepter la médiation d'un tiers désintéressé. Le roi de France, Louis-Philippe, dont les sentiments personnels étaient conformes à ces tendances modernes de la société, — tendances et sentiments auxquels sa politique n'a peutêtre que trop obéi, — accueillit avec sympathie la députation et son adresse. « La paix, leur dit-il, est le besoin de tous les peuples, et, grâce à Dieu, la guerre coûte beaucoup trop aujourd'hui pour qu'on s'y engage souvent. Je suis persuadé que le jour viendra où, dans le monde civilisé, on ne la fera plus. »

Une seconde réunion générale eut lieu en septembre 1848, à Bruxelles; si l'avénement de la seconde république avait pu un instant alarmer les *Amis de la Paix,* le discours de M. Lamartine pendant son passage aux affaires étrangères, la conduite du général Cavaignac, les avaient bientôt rassurés; aussi l'assemblée, déployant à tous les vents son drapeau, prit cette fois le titre de « *Congrès de la Paix.* » Les résolutions du congrès obtinrent de lord Russell, alors premier ministre de l'Angleterre, un accueil aussi favorable que celui qu'elles avaient reçu auparavant du roi Louis-Philippe et du Président des États-Unis, Polk, en janvier 1848. En juin 1849, une motion du grand citoyen anglais, M. Richard Cobden, tendant à introduire le principe de l'arbitrage dans les traités qui seraient conclus à l'avenir entre l'Angleterre et les autres nations, fut repoussée par le Parle-

ment, qui ne voulait pas se lier ni engager l'avenir; elle obtenait cependant une minorité de 79 voix sur 228, plus du tiers de l'assemblée.
C'est dans ces conditions que s'ouvrit, à Paris, le troisième congrès,
le plus brillant de tous, présidé par M. Victor Hugo et organisé
par M. Joseph Garnier. Nous n'oublierons jamais l'enthousiasme de
la très-nombreuse assemblée et notre propre émotion, lorsque, sous
la parole ardente, passionnée et éloquente du président, nous vîmes
un curé catholique et un ministre protestant s'embrasser en signe de
réconciliation et d'oubli du passé, le 24 août 1849, 277ᵉ anniversaire
de la Saint-Barthélemy.

La Société tint encore deux congrès les deux années suivantes à
Francfort, puis à Londres, où sa réunion coïncidait avec la *première
Exposition universelle*. Cette grande fête de l'industrie, de l'art et
de la science, — dont la pensée revient à la France, — remplaça le
congrès de la paix et peut être regardée comme un des plus sûrs
moyens de rapprocher les peuples, puisque nous avons pu voir une
de ces olympiades modernes s'organiser au milieu même d'une
guerre européenne.

Les amis de la paix avaient échoué, au commencement de 1854,
dans leurs efforts pour prévenir le redoutable conflit entre la France,
l'Angleterre et la Russie, conflit qui, à une autre époque, eût certainement entraîné dans la lutte l'Europe entière.

Cette guerre et celle d'Italie, en 1859, ne faisaient cependant pas
trop rétrograder les idées de paix, puisque la France, dans le Congrès de Paris de 1856, émit le vœu qu'à l'avenir aucune puissance
n'en appelât aux armes sans avoir soumis les motifs de la guerre
à un arbitrage désintéressé.

On n'a pas oublié non plus les lenteurs qui précédèrent la guerre
d'Italie et cette brochure quasi-officielle : *Napoléon III et l'Italie,*
invitant la diplomatie à faire volontairement « la veille d'une lutte
ce qu'on serait obligé de faire le lendemain d'une victoire; » les
longs égards de notre presse officieuse pour l'Autriche; le *Moniteur,*
atténuant en l'expliquant le langage de l'Empereur au 1ᵉʳ janvier;
le discours impérial aux Chambres où Napoléon III disait ne pas
vouloir renoncer volontairement avec la déclaration célèbre de Bor-
deaux : « *L'Empire, c'est la paix;* » on se rappelle la pression de
l'Europe, et surtout celle du roi Léopold, sur le cabinet de Vienne
pour le décider à un arbitrage, enfin la demande formelle d'un
congrès européen par l'intermédiaire de la Russie (janvier — avril

1859). Tout montre suffisamment l'impression d'horreur que le monde civilisé commence à éprouver pour l'emploi du canon, qui a été trop longtemps l'*ultima ratio regum*.

Après la paix de Villafranca vinrent encore de nouvelles invitations à un congrès européen, qui ne furent pas plus écoutées, il es vrai, que les premières. Le congrès était aussi le dernier vœu, la suprême préoccupation du roi de Danemark Frédéric VII à son lit de mort, craignant que l'Allemagne lui fît « de sanglantes funérailles. » En Amérique même, le président Lincoln n'a-t-il pas fait de sincères efforts afin de conjurer une guerre épouvantable? On ne doit pas toutefois, après ces échecs, désespérer de l'efficacité des arbitrages pacifiques, puisque nous venons de voir l'intervention du roi des Belges calmer de trop fières susceptibilités qui eussent pu aboutir à une guerre entre deux États puissants, l'Angleterre et le Brésil, lesquels se sont inclinés devant la décision d'un petit roi dont la justice et la sagesse sont universellement reconnues.

Enfin, le 5 novembre dernier, l'Empereur, en face des redoutables complications du présent et de l'avenir, a convoqué avec solennité tous les souverains de l'Europe à ce congrès qu'entrevirent, il y a quatre siècles, Antoine de Marini, Podiébrad et Louis XI. Nous ne chercherons pas à présumer si l'heure du *grand projet* a enfin sonné; nous ferons seulement remarquer que tous les princes de deuxième ou de troisième ordre que le « concert européen » avait laissés en dehors des affaires de l'Europe, semblent avoir voulu prendre leur revanche et ont adhéré avec une vive sympathie au projet impérial. N'y a-t-il pas là une situation nouvelle, très-favorable à notre pays, et peut-être à la paix; mais à une paix juste et utile pour tous? Ne peut-on pas espérer que tant d'efforts, si souvent poursuivis par des hommes célèbres à des titres si divers, ne seront pas tout à fait perdus, sinon pour le présent, du moins pour l'avenir, et que bientôt, comme l'a dit un jeune souverain [1], avec une hardiesse heureusement inspirée, « *le droit de la force fera place à la force du droit?* »

1. Discours du roi de Portugal aux Chambres (*Moniteur* du 11 janvier 1864). Il est de beaucoup supérieur à la lettre adressée à l'Empereur, au sujet du congrès, lettre que l'opinion libérale avait déjà vivement remarquée.

(Extrait de la Revue-Nationale.)

Paris. — Imprimerie P.-A. BOURDIER et Cie, rue Mazarine, 30.

www.ingramcontent.com/pod-product-compliance
Lightning Source LLC
Chambersburg PA
CBHW051309050726
47595CB00008B/3470